AF438246

LES 363

SONT-ILS

DES RADICAUX ?

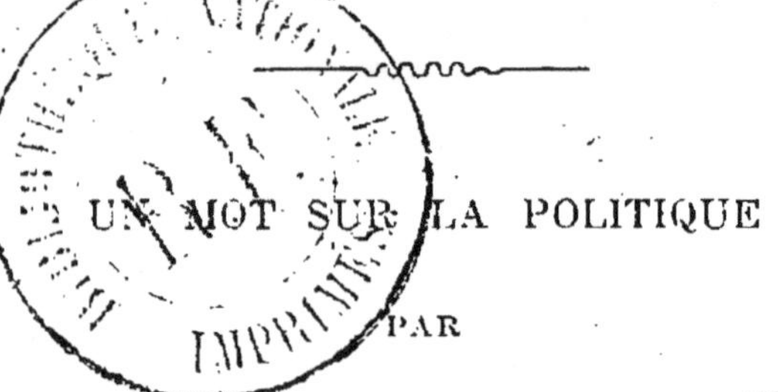

UN MOT SUR LA POLITIQUE

PAR

Jean-Pierre GIRAUD

CULTIVATEUR ET ANCIEN FOURRIER

Prix : 10 centimes

(Franco par la poste)

*Les journaux républicains des départements sont autorisés
à reproduire cette brochure*

PARIS

33, RUE DE SEINE, 33

—

1877

LES 363

SONT-ILS DES RADICAUX?

UN MOT SUR LA POLITIQUE

Il faut dire la vérité : depuis le 16 mai, nous ne sommes guère contents, nous autres gens de la campagne. On nous change nos préfets, nos sous-préfets, nos juges de paix, nos instituteurs ; on suspend nos maires ; on destitue nos gardes champêtres. Partout où nous allons, nous n'entendons parler que de menaces et de procès-verbaux et de condamnations. Les cabarets et les cafés, où nous aimons à deviser ensemble tout en vidant une bouteille, on les ferme, ce qui ruine le maître de l'établissement et nous ennuie bien, nous ses clients. Bref, l'Administration nous rend la vie aussi dure qu'elle le peut, à seule fin de nous apprendre à bien voter. Car il paraît qu'il va falloir voter de nouveau, entre la moisson et la vendange. M. le maréchal de Mac-Mahon qui, pour le quart d'heure, est président de la République, n'a pu s'entendre avec les députés que nous avions élus en février de l'année dernière, et il les a renvoyés, il les a dissous. Quel malheur ! Mais quoi ! il dit que ça lui était tout à fait impossible de vivre avec ces gens-là, parce que parmi eux il y en a 363, c'est-à-dire bien plus des deux tiers, qui « entraînaient la France à sa désorganisation sociale et politique. » Ce sont d'affreux *radicaux*, oui, *radicaux !* il les nomme comme ça.

Dame ! le mot *radical*, sans nous être inconnu, n'a peut-être pas eu jusqu'ici pour nous tous un sens bien net ni bien précis. C'est le moment ou jamais de nous en rendre compte. Un bourgeois qui passe les étés près de chez nous à lire tout le jour dans de vieux livres, et qui m'a l'air d'un savant et aussi d'un bien brave homme, m'en a donné tout à l'heure une explication, que je vais tâcher de vous répéter.

— Le mot *radical*, m'a-t-il dit, vient d'un mot latin qui signifie : *une racine*. Détruire radicalement un abus, c'est l'arracher avec toute sa racine, avec tout le chevelu, n'en pas laisser subsister un brin qui puisse repousser.

— Tiens ! monsieur, ai-je fait, si c'est comme cela que nos députés veulent détruire les abus dans notre pays, ils n'ont déjà pas si tort, et, ma foi ! j'ai bien envie de voter pour eux.

— Un instant, voisin ! m'a-t-il répondu. On a souvent tort de vouloir extirper les mauvaises herbes jusqu'à la racine ; on risque de blesser les plantes de culture. Il faut y aller plus doucement. En agriculture, vous le savez mieux que moi, on ne doit faire que des améliorations lentes, graduelles, modérées. On se ruine quand, à force de labours profonds et d'engrais chèrement achetés, on veut transformer d'un coup, en peu de semaines, une terre médiocre en une terre de choix. Il y faut du temps et des ménagements. Or, les radicaux, en politique, veulent tout faire à la fois, brusquement. Vous, monsieur Jean-Pierre, vous habitez une maison qui ne vous convient pas tout à fait; je le sais, car votre femme s'en plaignait pas plus tard qu'hier. Qu'allez-vous faire? l'abattre, la raser, pour en construire une autre toute neuve? Oui, si vous étiez un grand seigneur ou un fou, ou bien encore si les fondations ne valaient rien. Mais pour solides, elles le sont. Vous allez donc vous contenter de quelques réparations, de quelques changements dans la distribution, qui vous mettront à l'aise et vous coûteront peu. Ceux qui veulent tout renverser pour tout rebâtir sur un nouveau plan, ce sont les radicaux.

— Ah! bien, je comprends, ai-je dit alors. Merci de l'explication, qui me paraît claire. Mais je voudrais vous poser encore une question, monsieur, ai-je ajouté en me grattant le front, comme je le fais lorsque le fil de ma pensée m'amène à un point délicat : les républicains sont-ils des radicaux?

— Les républicains de 1793, du temps de nos grands pères, m'a-t-il répondu, étaient certainement des radicaux. La France de l'ancien régime, la France des nobles et des prêtres ne leur convenant en rien, ils la renversèrent tout d'abord à coups de pioche...

— Mais, l'interrompis-je, je ne parle pas des républicains d'il y a bientôt un siècle !

— Dans ma jeunesse, reprit-il, ceux de 1848 croyaient, eux aussi, qu'on transforme un peuple avec des décrets, et chaque jour ils en publiaient un qui bouleversait quelque institution...

— Laissons ceux de 1848 comme ceux de 1793, interrompis-je encore, et dites-moi donc, monsieur, ce qui en est des républicains de 1877 : nos 363 députés sont-ils, oui ou non, des radicaux ?

— Cela, voisin, me dit-il, c'est de la politique ; et vous n'ignorez pas que je ne m'occupe jamais de politique.

Puis, me serrant la main, il tourna sur ses talons, et me laissa bien embarrassé.

Comment, diable ! m'y prendre pour savoir si nos 363 députés sont des radicaux qui veulent tout transformer, bouleverser, désorganiser ?

Eh ! on juge les gens d'après leurs actes. Voyons donc un peu ce qu'ils ont fait et ce qu'ils ont voté. Moi qui ai lu régulièrement mon journal à un sou (nous sommes trois à le recevoir ensemble), moi qui, en ma qualité d'ancien fourrier, ai bon œil et bonne mémoire, je vais essayer de me le rappeler.

Ont-ils bousculé toute l'administration, préfets, sous-préfets, maires, gardes champêtres, comme on le fait à présent ? — Ma foi, non ; ils y ont mis de la modération, trop de modération, à ce qu'il a semblé à beaucoup d'entre nous.

Ont-ils touché à la magistrature, qui (entre nous) aurait peut-être bon besoin d'une réforme ? — Non, ils n'y ont pas touché.

Ont-ils vexé et persécuté le clergé ? — Non ; tout en lui signifiant de ne plus se mêler d'intrigues politiques, ils lui ont voté le plus gros budget des cultes qu'on ait encore vu en France.

Ont-ils bouleversé l'armée ? — Non ; ils ont accepté l'organisation militaire établie par l'Assemblée précédente et ils ont travaillé à la compléter, et aussi à en améliorer l'application en égalisant un peu mieux, par exemple, les charges des bons et des mauvais numéros.

Ont-ils désorganisé les finances ? — Non ; ils ont apporté de l'ordre dans les dépenses publiques, surtout dans celles du ministère de la guerre, et, tout en augmentant la solde des sous-officiers et des officiers, en doublant la retraite des instituteurs laïques, en créant un vaste établissement pour l'enseignement de l'agriculture, en votant des millions de plus pour les écoles de tout genre, ils s'occupaient, lorsqu'on les a dissous, de réformer les impôts, d'en alléger quelques-uns, d'en supprimer quelques autres : ceux sur le savon, c'est-à-dire sur la propreté ; — sur l'huile, c'est-à-dire sur l'alimentation ; — sur la petite vitesse, c'est-à-dire sur le transport des denrées. Ils avaient déjà aboli les décimes de guerre sur le sel, et ils allaient abaisser le port des lettres à deux sous, au lieu de cinq, ce qui aurait permis aux plus pauvres de correspondre à l'aise avec leurs fils, au régiment, et avec leurs filles, en condition à la ville.

Les 363 ont-ils essayé de renverser le Sénat, qui rejetait presque toutes leurs propositions ? — Non ; bien au contraire, ils lui ont reconnu le droit de modifier leurs décisions en matière de finances, droit que jamais Sénat n'a exercé chez nous, ni nulle part en Europe.

Ont-ils offensé le président de la République ? — Non ; ils ont toujours parlé de lui avec un profond respect.

Ont-ils essayé de diminuer sa position en rognant, par exemple, son traitement ? — Non ; ils ont, de leur plein gré, augmenté son traitement de 300,000 fr. pour lui permettre de parcourir la France, de voir et d'entendre le monde et de faire des charités.

Ont-ils renversé les ministres qu'il avait choisis ? — Non ; le premier ministère qui avait pour chef M. Dufaure, c'est le Sénat qui n'en a plus voulu ; le second, celui de M. Jules Simon, c'est M. de Mac-Mahon qui l'a mis à la porte.

Tout cela est vrai ; tout cela est certain ; tout cela, personne ne le conteste. Mais alors, bonnes gens ! comment peut-on accuser les 363 d'être des radicaux ? Voilà ce que je me demande en vain, n'y comprenant plus rien.

Attendez ! En me cassant ainsi la tête, je passe devant la mairie, où j'aperçois l'affiche du nouveau chef des ministres, M. le duc de Broglie. Mes yeux tombent tout juste sur le passage où il dit que le radicalisme des 363 est un *radicalisme latent*. Latent ! je connais ce mot-là, moi, quoiqu'il soit peu usité parmi nous ; mais, du temps où j'étais fourrier, j'ai appris pas mal de choses de mon capitaine, le plus brave homme du monde, qui s'était mis en tête de faire de moi une espèce de savant. Il n'y a guère réussi, par ma faute. Pourtant je puis vous dire que *latent* signifie ce qui est *caché*, ce qui ne se voit pas. Diable ! un radicalisme caché, un radicalisme qu'on ne voit pas, — ça commence à vous paraître drôle. Mais M. le duc s'explique : le radicalisme des 363, dit-il, est doux, insinuant, patient ; il veut réussir par la persuasion ; il veut triompher par la discussion,

en se faisant accepter des esprits avant de s'ins-
crire dans la loi...

Quel radicalisme bizarre ! Mais il n'a plus rien
de violent ! Mais c'est le radicalisme du proprié-
taire qui répare sa maison au lieu de la démolir
et d'en construire une autre ! C'est le radicalisme
du bon agriculteur qui, chaque année, apporte
à ses terres quelque petite amélioration ! Mais ce
radicalisme (sauf votre respect, monsieur le duc)
n'a plus rien de radical ! Dieu me pardonne, ce
n'est pas le radicalisme que vous reprochez là
à nos députés, c'est l'amour des réformes lentes,
graduelles, progressives. C'est un esprit libéral,
— sage et modéré !

Ah ! m'y voilà enfin ! Après vingt années de
despotisme et sept années de provisoire, nos
363 députés trouvaient que tout n'était pas pour
le mieux dans nos lois et dans nos administra-
tions, et qu'on pouvait bien se permettre quelques
réformes. Ces réformes, qu'ils n'ont pas décrétées
du jour au lendemain, comme l'auraient fait des
radicaux, mais qu'ils étudiaient consciencieuse-
ment dans leurs commissions, en gens prudents
qui ne font de changements qu'à bon escient;
ces réformes, le gouvernement n'en a voulu à
aucun prix, et de crainte qu'ils n'y réussissent,
il les a chassés !

Vous faut-il, mes amis, la preuve de ce que je

vous dis là? Faites bien attention à ce fait qu'au Sénat et à la Chambre des députés les républicains, sans exception, ont voté contre le gouvernement, et les monarchistes pour. Parmi ces sénateurs et ces députés *radicaux*, il en est quelques douzaines qui sont un peu plus riches, n'est-il pas vrai? que vous, monsieur le duc de Broglie, ministre de la justice, et que vous, monsieur le duc Decazes, ministre des affaires étrangères. Si les 363 travaillaient, comme on le prétend, à désorganiser la société, ces millionnaires voteraient-ils avec les gens de la gauche? Ils n'ont, morbleu, rien à gagner à des bouleversements. Mais ils ont voulu sauver la République. — Et pourquoi tiennent-ils si énergiquement au salut de la République? Parce que, en honnêtes gens et en bons Français, ils croient certaines réformes indispensables, et qu'avec la République (tout le monde le sait bien, amis ou ennemis) ces réformes se feront, se feront lentement, mais sûrement, tandis qu'avec la monarchie *aucune* réforme ne se fera, AUCUNE, AUCUNE! Ceux qui vivent des abus existants et qui veulent en vivre plus plantureusement encore, ont donc voté pour la monarchie — et pour le gouvernement; et ceux qui veulent le progrès sage et régulier, ont voté pour la République — avec les 363!

C'est clair, n'est-il pas vrai? — Mais peut-être -pas encore assez? Dites-moi donc quelles gens de votre connaissance s'opposent toujours et partout à toute réforme, quelle qu'elle soit? Le moins malin d'entre nous le sait : ce sont les nobles et ce sont les prêtres. Eh bien! mes amis, qu'est-ce qu'ils ont dit du 16 mai et du renvoi de la Chambre, les nobles et les prêtres de vos environs? Hein?

Comtes, vicomtes, marquis et barons, ils ont poussé des cris de triomphe comme si on allait leur rendre les priviléges de jadis, depuis le pigeonnier jusqu'au droit du seigneur. On ne leur rendra rien, cela va sans dire, mais ils espèrent, et non sans raison, qu'on leur livrera le gouvernement du pays, ce qui vaut, ma foi, un peu mieux encore que les priviléges d'avant 1789. Avez-vous compté combien il y a de gens titrés parmi les nouveaux préfets et sous-préfets? Avez-vous compté combien il y a de ducs au gouvernement? Autour de M. le marquis de Mac-Mahon, duc de Magenta, j'aperçois M. le duc de Broglie, M. le duc d'Audiffret-Pasquier, M. le duc Decazes. Encore une fois, c'est-il clair?

Et quant aux gens d'Eglise, vous savez s'ils ont accueilli le coup de tête du 16 mai avec enthousiasme! Les cinquante mille prêtres que nous payons sont les agents électoraux les plus dévoués du nouveau ministère. Sans doute, actuellement, leur activité est encore un peu *latente*, comme s'exprimerait le duc de Broglie. Ils essayent de faire les morts,—les chefs, du moins, car pour les simples curés ils se démènent déjà comme des possédés. De peur de compromettre leurs ministres de prédilection, nos évêques, si tapageurs sous Jules Simon, n'écrivent plus, ne parlent plus, ne déclament plus. Mais la joie éclate sur les visages de ces hommes de Dieu. Le nouveau gouvernement, disent-ils, est un gouvernement qu'ils ont inventé, un gouvernement dont ils sont les protecteurs et les maîtres, un gouvernement qui permettra au pape, comme de juste, de corriger nos lois et de diriger notre politique... C'est là ce qu'ils appellent le progrès, les hommes en soutane, et c'est ainsi qu'ils entendent les réformes.

Voilà vos alliés, messieurs les ducs : des prêtres qui veulent s'emparer de la société civile, et des nobles qui rêvent la revanche de 1789. Or, vous connaissez, comme nous, le proverbe : *Qui se ressemble s'assemble!* Vos déclarations n'y changeront mie. Il s'agit de faits qui n'ont rien de *latent*, monsieur Albert de Broglie ; de faits que chacun de nous constate à la campagne comme à la ville. Car si vos agents peuvent, par les menaces, fermer la bouche à quelques-uns d'entre nous jusqu'au jour du vote, ils ne ferment les yeux à personne. Ce que nous voyons tous, je vous le dis en face, moi Jean-Pierre Giraud, cultivateur et ancien fourrier au 71ᵉ, oui, je vous dis

que vous êtes le gouvernement des nobles et des
curés, le gouvernement de tous ceux à qui il faut
une révolution nouvelle (le renversement de la
République) pour arrêter tout progrès. Et quand
les députés qui s'opposent à ce bouleversement et
qui, comprenant les besoins du peuple, exigent
des réformes, quand ces 363 braves gens sont
traités par vous de radicaux, là, franchement,
vous vous moquez du monde.

M. Thiers, un radical! M. Léon Renault, pré-
fet de police sous Buffet, un radical! M. Léon
Say, l'archi-millionnaire, un radical! M. Dufaure, le plus raide des hommes de loi, un radical! Il y a de quoi pouffer de rire! Grand Dieu,
quels périls ces horribles communards font cou-
rir à la famille, à la religion, à la propriété! Ah!
la bonne farce! Si vous vous reprenez en disant
que leur radicalisme est *latent*, tenez, monsieur
le ministre et duc, sans vouloir vous manquer en
rien (bien au contraire!), nous prierons les saints
du Paradis de rendre tout aussi *latent* votre
acharnement contre la démocratie française.
Mais certains miracles, je le crains, sont impos-
sibles aux saints du Paradis et au bon Dieu lui-
même : vous mourrez dans l'impénitence finale,
pauvres ducs que vous êtes tous, convain-
cus « jusqu'au bout » que trente-six millions
d'hommes n'ont d'autre droit que de se laisser
mener docilement par vous, comme un trou-

peau de moutons stupides par le berger et ses chiens.

A la Rocheberthier, en Poitou.

Jean-Pierre GIRAUD,
cultivateur,
ancien fourrier au 71ᵉ régiment de ligne.

Ce 10 juillet, 1877.

DU MÊME AUTEUR :

QU'ARRIVERA-T-IL APRÈS LES ÉLECTIONS ?

ENCORE UN MOT SUR LA POLITIQUE

Prix : 10 centimes

(Franco par la poste)

ON PEUT SE PROCURER

L'UNE OU L'AUTRE

DES BROCHURES DE JEAN-PIERRE GIRAUD

AUX PRIX SUIVANTS (PORT EN SUS)

5 francs les 100 exemplaires
40 — les 1,000 —

S'adresser directement à M. FISCHBACHER
33, rue de Seine, à Paris.

———

Moyennant 15 centimes, M. Fischbacher enverra les deux bro-
chures ensemble, *franco* par la poste, à toute personne dont
on lui indiquera l'adresse.

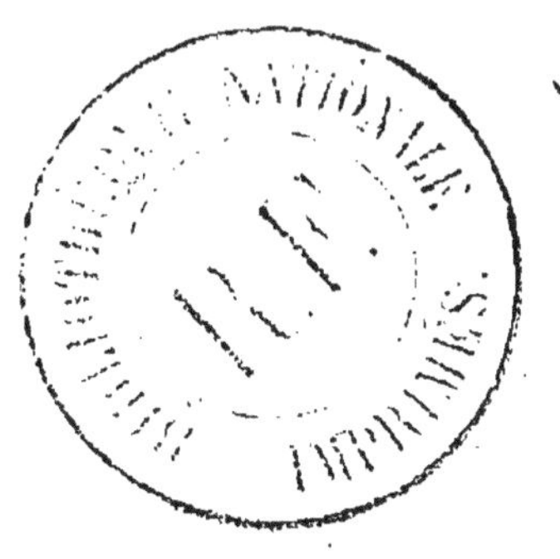

———

Paris. — Imprimerie Nouvelle (association ouvrière), 11, r. des Jeûneurs.
G. Masquin, directeur.